555 1651
A

RÉVISION IMMÉDIATE

DE LA

CONSTITUTION,

AVEC

LA SANCTION DU PEUPLE,

PAR

M. BOYARD,

PRÉSIDENT HONORAIRE DE LA COUR D'ORLÉANS,
ANCIEN DÉPUTÉ.

—

SECONDE ÉDITION.

AUGMENTÉE DE CONSIDÉRATIONS NOUVELLES.

—

PARIS,

RORET, LIBRAIRE-ÉDITEUR, RUE HAUTEFEUILLE,

ET TOUS LES LIBRAIRES DES DÉPARTEMENTS.

—

Juillet 1850.

1850

UN MOT AU LECTEUR.

Celui qui publie ces observations sur la situation actuelle de la France, s'étant depuis dix ans condamné à la retraite, et n'ambitionnant nullement d'en sortir, a longtemps hésité sur le parti à prendre ; devait-il, simple citoyen, rédacteur de la pétition qu'on va lire, se borner à l'envoyer à l'Assemblée nationale, au risque de la voir rejeter, sans examen, par l'ordre du jour? Devait-il ajouter quelques développements et l'envoyer comme publiciste soulevant une immense question de droit constitutionnel? ou bien devait-il s'adresser à l'opinion publique, par la voie de la presse?.....

Le choix du meilleur procédé était difficile à faire. Fort de l'assentiment des hommes les plus honorables et les plus dévoués au pays, il prend la résolution de soumettre la question à tout le monde.

A l'Assemblée nationale d'abord, dont elle fixera certainement l'attention ; aux électeurs ensuite, qui ne manqueront pas, s'il a vu juste, de partager et de faire prévaloir son opinion.

Peut-être eût-il aussi bien fait de se taire ; mais c'eût été se rendre complice d'une inertie qu'il blâme, qu'il trouve désastreuse, et que son devoir de citoyen l'oblige à combattre avec l'énergie dont il est capable.

La pensée de toute sa vie politique se lie intimement au gouvernement constitutionnel, non pas tel que nous l'avons eu, mais tel que nous devions l'avoir.

Il dépend de nous de constituer le règne de la loi.

Le premier pas dans cette voie de salut, est d'arrêter définitivement les bases d'un gouvernement qui ne peut se soutenir sur celles improvisées en 1848.

Améliorons, consolidons, c'est à ce prix qu'est le retour de notre prospérité, *le maintien de notre liberté*.

La révision de la loi électorale ne répond pas au vœu national. Les hommes résolus du parti modéré taxent cette loi du 31 mai d'impuissance ; leurs adversaires, au contraire, la flétrissent des titres de loi de réaction, de loi inconstitutionnelle. Ils veulent y voir un brandon de guerre civile ; mais au fond, ils ne pensent pas un mot de ce qu'ils disent. Leurs agents, dans les départements, les tiennent trop bien au courant de ce qui s'y passe, pour qu'ils ne puissent pas attendre de cette loi les plus heureux résultats en faveur de leur parti. Oh ! qu'à notre place ils sauraient mieux profiter de leur puissance !

Dans un pays où l'on comprendrait le mécanisme constitutionnel, on adopterait avec empressement cette loi ; car l'esprit gouvernemental accepte, améliore, consolide, *même ce qui ne lui convient qu'à demi ;* mais l'esprit brouillon, au contraire, décrète tout, rejette tout, sans daigner examiner si l'intérêt national en souffrira. Les plus grands bouleversements s'effectuent en une matinée. Il suffit que l'intérêt de parti soit satisfait ; cet intérêt passe avant la loi, avant la Constitution, même avant le suffrage universel, auquel on ne tient, d'un côté, qu'autant qu'il assure le triomphe des passions les plus exaltées, et de l'autre, que parce qu'on y voit une cause d'agitation perpétuelle, éminemment propre à satisfaire les hommes médiocres de tous les partis, ou bien encore un ferment de discorde qui peut ramener une rév. lution nouvelle et relever l'ancienne monarchie. Que d'illusions ! que de coupables pensées ! Nous allons examiner s'il n'est pas quelque moyen de se soustraire à leurs funestes conséquences.

Qu'on ne pense pas que nous veuillons dire un seul mot contre l'Assemblée nationale. Son principal caractère est incontestablement l'amour du bien public. Tout ce qu'elle fait est inspiré par cet amour. Dans ce qu'elle ne fait pas, elle est retenue par le même sentiment. Une prudence excessive a pu la porter à faire quelques fautes, mais évidemment lorsqu'elle fit la loi d'élection et celle de la presse, elle n'avait en vu que les prospérités de la France ébranlées pour longtemps par la révolution de 1848.

Ils sont donc bien imprudents ceux qui l'attaquent sans cesse : bien aveugles ceux qui ne comprennent pas que les habitudes d'opposition systématique, sont un contre-sens à l'égard d'une Assemblée souveraine, la seule barrière qui nous sépare de l'anarchie ; ils sont donc bien stupides, il faut le dire, ceux qui dans l'intérêt de leur égoïsme veulent élever un pouvoir nouveau sur les ruines d'un pouvoir constitutionnel. Quel que soit le titre qu'on veuille lui donner, quel que soit l'homme qui devrait l'exercer, ce pouvoir ne vivrait pas et sa chute amènerait, il n'en faut plus douter, non pas une crise qu'on croit inévitable, mais une catastrophe terrible, sanglante, irréparable, et les premières victimes seraient précisément ceux qui la provoquent.

A L'ASSEMBLÉE NATIONALE.

Messieurs les Représentants,

Au moment où vous fûtes surpris par une proposition, je ne dirai pas irréfléchie, car elle est née d'idées qui fermentent depuis soixante ans dans les têtes chevaleresques de Coblentz, de la Vendée et de la Restauration, mais je puis dire par une p oposition imprudente, beaucoup de pensées d'une autre portée se manifestaient sur divers points de la France.

On conspirait en faveur de la République.

La question préalable a sans doute effrayé les plus braves conspirateurs, car de tant de pétitions élaborées, il n'en paraît aucune. L'échec légitimiste a glacé les vrais amis de la Constitution, qui, de disposés qu'ils étaient à provoquer votre initiative sur la grande question de révision immédiate de la Constitution, semblent aujourd'hui se faire une loi du silence.

Cet exemple est-il bon à suivre?

Faut-il, parce qu'il y a des esprits affaissés, anéantis, que tout le monde reste dans un état de prostration qui ruine et déshonore le pays?

N'est-il pas convenable au contraire que les simples citoyens qui n'ont à compromettre ni leur passé ni leur avenir d'hommes d'État, élèvent jusque vers vous leurs vœux pour le bien public? — N'est-ce pas un devoir pour chacun, dans les circonstances critiques où se trouve le pays, de soumettre à votre appréciation ce qu'on regarde comme un moyen de salut? de sonder au moins l'opinion publique? d'en divulguer le sentiment intime? d'en propager les alarmes? d'en ranimer les espérances?

Telle est la tâche que nous entreprenons aujourd'hui; non pas que nous croyions voir mieux que d'autres la situation du pays; non pas que nous croyions avoir le remède le plus efficace aux maux qui nous dévorent; mais tout simplement parce qu'il est urgent de préparer une solution quelconque.

Or, quand il s'agit d'une question qui touche tout le monde, que tout le monde envisage, que chacun dans sa sphère croit comprendre; quand, de toutes parts, on s'étonne de l'inaction des pouvoirs publics, il doit être permis à ceux qui écoutent, qui considèrent attentivement la physionomie du peuple inquiet du présent autant que de l'avenir, de donner nettement leur avis, ne fût-ce que pour provoquer l'examen de cette question, aux risques d'un peu d'agitation populaire et de beaucoup d'agitation factice.

Le *statu quo* est la loi des ennemis de la lumière. Plus ils craignent, plus ils s'efforcent de rester immobiles. Le mouvement est le devoir impérieux de tout partisan du progrès, non pas de ce progrès justement flétri du nom de bouleversement, mais de ce progrès, qui améliore, qui consolide, qui calme, ou qui console.

Beaucoup d'hommes en France ont le sentiment de ce qui devrait être fait; peu d'hommes ont assez de résolution pour le tenter ou assez de bonheur pour le faire. — Ayons au moins le courage de le dire.

Mais quelle diversité dans les opinions! — Que de confusion dans les moyens! — Que d'incertitudes dans les résultats!...

Au milieu de tant de perplexités, il est cependant possible d'arriver au but. — Il ne faut que vouloir sincèrement ce qui est, et renoncer sincèrement à rétablir ce qui fut.

Renoncer au jeu terrible des révolutions, améliorer les institutions; constituer un pouvoir assez fort pour dominer les partis ou constituer un parti assez puissant pour enchaîner les autres partis.

Tel est le problème.

La France est, sous ce rapport, dans une situation admirablement favorable à l'établissement d'une bonne Constitution.

Deux ans peuvent changer cette situation; il faut donc profiter de l'occasion de faire le bien du peuple, sous peine de voir cette occasion passer aux mains de ceux qui lui ont fait tant de mal.

Voyons quelles améliorations sont possibles. — Il en est de deux sortes : — Celles relatives à la modification immédiate de la Constitution, et celles relatives à la loi des élections. Non pas à celle qui vient d'être faite, mais à celle qu'il sera bientôt nécessaire de faire, quelque peur qu'on en ait. — Elles se lient avec une telle intimité, qu'on ne peut les toucher séparément sans s'exposer à l'accusation, fort à la mode, de violer la Constitution. Il n'en coûte donc pas plus d'en traiter deux qu'une seule (1).

(1) Ceci était écrit en mars 1850 et fut imprimé en avril, quinze jours avant la création de la commission chargée de réviser la loi électorale. On prévoyait bien alors que la Montagne et ses journaux jetteraient les hauts cris contre toute modification bonne ou mauvaise d'une loi qu'ils considèrent comme l'échelle conduisant au pouvoir.
Mais qui aurait jamais pu croire qu'une telle loi pût motiver des attaques

Les violateurs de la Constitution sont ceux qui l'attaquent, qui l'a-moindrissent, qui s'efforcent de la rendre inapplicable, et non ceux qui la respectent, qui lui obéissent quelques torts qu'elle leur ait causés, et qui demandent qu'on lui enlève les entraves qu'elle a reçues à sa nais-sance, comme si ses parrains s'étaient fait un jeu de leur propre ouvrage et l'avaient condamné à la stérilité.

Les amis de l'ordre qui demandent pour elle un peu d'élasticité, un peu de liberté dans ses mouvements, ne sont donc pas des violateurs, mais des défenseurs; et la preuve, c'est qu'ils s'adressent aux pouvoirs constitués et qu'ils remontent, la supplique à la main, jusqu'à la souve-raineté du peuple, qu'ils reconnaissent, qu'ils adoptent, qu'ils invoquent au nom de cet adage de toutes les nations : SALUS POPULI SUPREMA LEX.

La Constitution de 1848, on peut le dire, ne se compose que de deux mots : RÉPUBLIQUE DÉMOCRATIQUE. Elle n'a pour base aussi que deux mots : SUFFRAGE UNIVERSEL. Otez-en ces quatre mots, ce n'est plus que la Charte de 1830. Aussi toutes les fureurs de l'esprit de parti se liguent-elles contre ces mots, sublimes selon les uns, infâmes selon les autres.

Nous, au contraire, nous disons : RESPECT A LA RÉPUBLIQUE DÉMOCRA-TIQUE, mais empêchons qu'elle ne devienne anarchique; c'est l'intérêt de tout le monde, même des anarchistes, qu'il faut sauver malgré eux.

Nous disons aussi : RESPECT AU SUFFRAGE UNIVERSEL, mais faisons qu'il soit sincère, faisons qu'il exprime la volonté nationale, et non celles de coteries qui, comme autrefois, qui, plus qu'autrefois, se disputent le pouvoir, pour se partager le budget.

Ainsi, nous repoussons énergiquement tout appel au peuple sur la question monarchique ou républicaine.

Le sort de la France est fixé.

Elle est, elle restera républicaine, et ce ne sont ni les légitimistes, ni les orléanistes, ni les bonapartistes qui lui enlèveront ce titre qui renaît des débris d'un empire et de deux monarchies.

Le danger n'est pas dans cette question. — Le danger est dans le mal-heur du peuple; — dans le suffrage universel tel qu'il est encore; — dans le parti que les factions peuvent tirer de cette vicieuse organisation ou plutôt du défaut d'organisation.

Il est grandement temps d'y pourvoir.

La première question à examiner est donc celle de savoir s'il est op-

aussi violentes que celles dont elle est l'objet de leur part? Quoi! le parti démago-gique imagine qu'il est perdu parce qu'on expulse des colléges électoraux les vagabonds, les repris de justice, les gens sans aveu, sans domicile!... Croire que la nation va s'émouvoir d'une telle mesure, c'est en vérité prendre le peuple fran-çais pour un peuple de niais, et s'il devait en résulter une collision quelconque, ce que nous disions serait complètement justifié. Car qu'aurait-on fait de plus pour la révision de quelques articles réglementaires de la Constitution? — On s'en serait peut-être moins ému. — On s'indigne moins en France d'un coup d'au-dace dont on aperçoit la portée que du machiavélisme étroit et mesquin qu'on nomme habileté.

portun de réviser la Constitution avant l'époque fixée par elle-même, question fort grave asurément, mais qui le serait beaucoup moins si les prétendus républicains voulaient sincèrement la République comme une institution au lieu de la vouloir comme un moyen d'arriver à un nouveau bouleversement.

Voici à cet égard les termes d'une pétition qui eut une singulière destinée : celle d'être approuvée par tous les représentants auxquels elle fut soumise, sans qu'aucun d'eux ait voulu prendre individuellement l'engagement de la soutenir après l'échec éprouvé par la proposition d'un de leurs collègues (M. de Larochejacquelein), tant une question mal posée peut compromettre d'autres questions importantes.

On va voir cependant qu'il n'y a aucune analogie entre cette pétition conservatrice de ce qui est, et la proposition provoquant une révolution terrible, sans indiquer même au profit de qui elle se pourrait faire.

Une seule chose a paru certaine à tout le monde ; c'est que la révolution qu'on sollicitait se serait faite au préjudice de la nation, et surtout au détriment de ceux qui la souhaitent avec tant d'ardeur.

C'est en cela qu'ils ont été justement accusés de folie.

PÉTITION.

« Lorsque, pour assurer le calme et la prospérité de la France, nous avons loyalement adopté le gouvernement républicain et la Constitution qu'il nous a donnée, c'était dans l'espérance qu'ils seraient soutenus par l'universalité des Français, et surtout par ceux qui ont fondé ce gouvernement.

« Les attaques à main armée qui lui ont été livrées, les manœuvres électorales qui en ont altéré l'esprit, autorisent sans doute le peuple souverain à examiner s'il peut vivre dans la situation qu'on lui a faite, jusqu'au moment où la Constitution devrait être révisée. — Nous pensons qu'il ne le peut pas ; qu'il est nécessaire de changer des dispositions qui semblent avoir été conçues dans le but de tenir les populations dans une agitation, dans une perplexité perpétuelles, incompatibles avec la grandeur et la prospérité du pays. Il nous paraît même urgent de parer aux désastres qui peuvent résulter de cette déplorable situation.

« En conséquence, nous vous supplions d'examiner s'il ne serait pas opportun soit de proposer au peuple, consulté en comices électoraux, cette question : Y a-t-il lieu de réviser la Constitution avant le terme fixé par son article 111 ?

« Soit de procéder vous mêmes à cette révision, et de soumettre la Constitution révisée à l'acceptation du peuple ?

« Ce serait, à la vérité, s'écarter du mode déterminé par l'article 111, mais ce serait aussi se conformer à l'esprit de la Constitution, et lui donner une sanction plus solennelle encore que celle prévue par cet article.

« Cette proposition, Messieurs, pourra soulever de vives réclamations, soit de la part de ceux qui ne veulent pas de Constitution républicaine, soit de la part de ceux qui veulent profiter de certaines dispositions pour la rendre inapplicable et nous conduire ainsi à de nouvelles expériences non moins périlleuses que celles que nous avons faites.

« Dira-t-on que cette proposition est inconstitutionnelle, en ce qu'elle viole l'art. 111 ? Nous répondons que cet article n'est qu'une disposition réglementaire qui ne peut entraver la volonté du peuple ; que toute Constitution, basée sur la souveraineté nationale, ne saurait être violée par un acte des pouvoirs constitués, ayant pour but d'appeler le peuple à l'exercice direct de sa plus haute attribution souveraine.

« Que d'ailleurs l'article 3 de la Constitution, en déclarant que la République reconnaît des droits et des devoirs antérieurs aux lois positives, indique évidemment que la volonté, que le salut du peuple sont au-dessus de cet article, fait pour les temps ordinaires, et non pour un temps de crise, comme celui dans lequel se trouve la France depuis plus de deux années.

« Nous répondons enfin que les articles 4, 6, 7, qui donnent à la Constitution, pour base, la famille, le travail, la propriété, l'*ordre public*, les lois morales et les lois écrites qui régissent la société, étant attaqués tous les jours par ceux qui prétendent au monopole de la foi républicaine, il est incontestable que la Constitution est ainsi incessamment sapée par sa base, et que cette situation impose aux pouvoirs constitués, le droit, l'impérieux devoir de rassurer, par des modifications législatives, *soumises à la sanction nationale,* les fondements d'une République sage, honorée, puissante et digne, en un mot, des hautes destinées de notre patrie. »

On ne peut plus se faire d'illusion : le grand parti que nous appellerons *socialiste gouvernemental,* pour le distinguer du socialisme anarchique, celui qui se flatte d'arrêter le torrent ou de le diriger à son profit, *ne veut pas, n'a jamais voulu de la Constitution.* Elle n'existe aujourd'hui, il faut le dire très-haut, elle n'existe *que par le parti modéré,* qualifié de royaliste par ceux qui se disent républicains ; de républicains aveugles par ceux qui veulent la monarchie ; et pourquoi royaliste ? parce que ce parti compte dans son sein des partisans des dynasties déchues.

Mais qu'est-ce donc que de telles fractions en comparaison du grand tout national où s'agitent, où se consument les bourgeois, les cultivateurs, les industriels, les ouvriers, les prolétaires, qui ne sont ni légitimistes, ni orléanistes, ni bonapartistes, ni socialistes?

Ce n'est pas un sur dix mille.

Nous disons que la Constitution n'existe que par le parti modéré, et l'on voudrait cependant persuader à la France que cette portion d'elle-même rêve le renversement de la Constitution ! — Et quand elle veut évidemment consolider les grands principes de 89 et de 1830, ébranlés par les désastres de 1848, on ose hypocritement soutenir qu'elle travaille pour une monarchie quelconque !.... C'est un véritable délire.

Qu'importe, en effet, à la France d'aujourd'hui ces royautés auxquelles elle doit bien plus de misères que de grandeurs? qu'importe à cette France, vieillie d'un siècle depuis hier, ces illustres hommes d'État qui, par l'émigration, tuèrent la branche aîné des Bourbons, qui, par la corruption et par les coalitions, tuèrent la branche cadette (1) ?

Qu'importe l'Empire, qui étouffa la liberté, l'égalité sous les verroux de vingt prisons d'État et sous les fiefs impériaux ! qu'importe l'Empire, qui livra nos frontières, notre honneur aux ennemis que nous avions avant lui et mieux que lui, renversés; disons plus, que nous avions conquis par la seule force des idées !....

Ne voit-on pas que cette conquête par les idées a repris le dessus ? Qu'elle se développe, quoi qu'on fasse, et que les rois le savent assez pour n'oser rentrer dans la carrière qui, jadis et tout récemment encore, fut si fatale à leur autorité ?

Est-ce en présence d'un tel spectacle qu'on peut supposer à des hommes doués de quelque raison, la pensée d'agir dans un intérêt dynastique?— Non, ce n'est point un pouvoir dynastique qu'il nous faut, je le dis hautement, au risque de déplaire à quelques-uns de mes amis politiques. C'est un pouvoir populaire; assez républicain pour dissiper les illusions monarchiques, assez fort pour déjouer, pour punir les complots anarchiques.

Que les soutiens fanatiques de la légitimité se prélassent dans leur principe chevaleresque trois fois renversé sans qu'ils aient su le défendre et qu'ils restent convaincus que la France devait se qu'elle était en 1789 à leurs princes grands et petits de toutes les époques; c'est un plaisir innocent dont il serait inhumain de les priver ; c'est leur vie; ils y sont nés; laissons-les y mourir (2).

(1) Il ne nous paraît pas nécessaire de justifier cette pensée, que c'est la coalition de 1838 qui a tué la royauté de 1830; quand on a vu les mêmes hommes soutenir l'inutilité de la royauté, puis se plier aux caprices du roi, sacrifier les intérêts de la France aux intérêts dynastiques, on s'est écrié, avec raison, que le gouvernement n'était qu'une rouerie.

Les puritains, qui avaient si chaudement combattu le gouvernement personnel et qui s'en firent bientôt les instruments aveugles, n'étaient que des hommes avides de pouvoir, et ne le conservaient, au mépris de leurs principes, que dans l'espoir de dominer la France par la corruption électorale et parlementaire.

Dès-lors, on se détacha du roi, et la famille royale, innocente des infamies gouvernementales, fut enveloppée dans ce mécontentement général, dont le parti légitimiste tira habilement parti pour précipiter *la chute de l'usurpation.*

Louis-Philippe fut plus maltraité par ce parti que Napoléon lui-même, par la raison toute simple que les légitimistes considéraient ce dernier comme l'adversaire de la révolution, tandis que le duc d'Orléans en était une nouvelle personnification. Aussi, nous saurons un jour que le même parti n'a applaudi à l'avènement de la République, que parce qu'il croyait que les désordres qui en seraient le résultat, rouvriraient la porte à sa monarchie légitime.

(2) Nous serions bien reconnaissants envers M. de la Rochejacquelein, qui se donne la satisfaction de prouver à sa manière que la France doit sa formation comme État aux principes légitimistes, et qui publie la longue liste des conquérants de nos provinces, s'il voulait bien faire le parallèle de la France absolutiste et de l'Amérique libre. La liste des princes, qui ont opéré les prodiges des États-Unis en quelques années, ne serait assurément pas longue.

Que les impérialistes secouent la poussière de leurs lauriers d'autrefois, elle n'aveuglera personne, tant qu'ils n'auront effacé ni les avanies d'Espagne, ni les désastres de Moscou, ni l'invasion étangère, ni la perte de nos conquêtes républicaines, ni le sang de Waterloo.

Que les orléanistes vantent à tue-tête les prospérités matérielles de 18 ans d'un règne qui pouvait l'emporter sur tous les règnes du monde, s'il eût été sincèrement constitutionnel; ils n'effaceront pas les stygmates de la corruption et la chute d'une dynastie qui périt précisément par l'abus des ressources dynastiques (1).

Que les socialistes, enfin, emmiellent avec soin les bords du calice d'amertume qu'ils font avaler au peuple français, ils ne le détermineront pas à boire jusqu'à la lie.

L'intérêt de la France n'est qu'en elle. — Il ne dépend d'aucun parti. Elle repousse du pied ces monceaux d'oripeaux qu'on lui présente comme vêtement de fête ou de grands jours. — Elle se tient enveloppée dans un long manteau de deuil, et c'est à nous, à nous seuls amis du pays, amis d'une grande et noble République, qu'il appartient de l'en dépouiller, en raffermissant le sol constitutionnel, en relevant d'une main vigoureuse l'étendard sacré de la vraie liberté.

De ceux qui ont lu la pétition que nous venons de rapporter, il en est qui l'ont trouvée trop explicite; d'autres trop vague.

Aux premiers, nous répondîmes que les pétitionnaires n'étant pas tenus à la même circonspection que les législateurs, ils ne pouvaient, sans en quelque sorte proposer une énigme, demander moins que l'examen d'une grave question.

Aux seconds, nous répondîmes que presque toujours les simples citoyens sont mal venus quand ils s'érigent en législateurs; mais que, du reste, les pétitionnaires étaient prêts à fournir leurs idées, si cela paraissait nécessaire.

Et ces idées les voici : — En ce qui touche la modification de la Constitution : Deux assemblées, l'une de six ans, l'autre de trois. — Un président rééligible, avec un pouvoir mieux défini. — L'âge de l'électorat porté à vingt-cinq ans. — L'âge de l'éligibilité porté à trente ans.

En ce qui touche la loi électorale : — Suffrage universel, réglementé

---

(1) Il n'est pas vrai, comme le disent les ennemis de Louis-Philippe, que ce prince ait commis une usurpation contre le vœu de la nation; jamais trône ne fut plus vacant, plus abandonné que celui de Charles X. Un principe de délicatesse pouvait empêcher Louis-Philippe d'y monter, mais son patriotisme lui imposait l'obligation de l'accepter, et les adhésions qui suivirent son élévation étaient une sanction aussi légitime que celle de la République elle-même. Quelle comédie, en effet, que cette élection de 1848, sous le coup des circulaires Ledru-Rollin et des commissaires candidats se faisant élire dans les départements exploités pour eux ou par eux, et cela, au nom de l'immoralité des élections précédentes!...

de manière à en assurer l'indépendance et la sincérité. — Division du territoire en cinq cents districts électoraux de 60 à 80,000 âmes. Liste nationale perpétuelle contenant les électeurs des districts, au nombre de 18 à 20,000 par district. — Liste électorale décennale contenant tous les citoyens élus par les districts votant à la commune. — Incapacité électorale au deuxième degré, résultant de l'ignorance de l'écriture. — Obligation, sauf le cas de maladie ou d'impossibilité physique, d'écrire le bulletin, séance tenante, ou de le faire écrire par un membre du bureau. — Nomination, par les électeurs du deuxième degré, d'un représentant par district, à la majorité absolue. (1)

Faut-il maintenant donner quelques développements sur ces dispositions qui nous paraissent répondre suffisamment aux besoins de notre époque? — La chose est facile. — L'expérience a promptement démontré combien il est dangereux de remettre le destin de l'État dans les mains d'une assemblée unique.

Les derniers votes de l'Assemblée constituante ont occasioné dans toute la France un tel mécontentement, qu'elle fut obligée de prononcer elle-même sa dissolution. S'il y eût eu une seconde assemblée, celle qui fit tant de fautes ne serait pas tombée si bas. — D'un autre côté, le mode de délibérer, tracé par la Constitution, ne donne pas non plus de garanties suffisantes contre l'effervescence des passions politiques, et la faible majorité, qui vota pour la chambre unique, est un indice certain de la facilité avec laquelle on obtiendrait cette grande modification.

Le principe des deux assemblées une fois établi, il semblerait nécessaire, tout en conservant la même origine à chacune d'elles, que celle qu'on pourrait appeler sénat, quoique ce mot sonne assez mal à nos oreilles, fût composée d'hommes plus âgés que les représentants, comme l'avait prescrit la Constitution républicaine de l'an III. Elle portait, art. 74 : « Pour être élu membre du Conseil des Cinq-Cents, il « faut être âgé de trente ans accomplis et avoir été domicilié sur le ter- « ritoire de la République pendant les dix années qui auront immédia- « tement précédé l'élection ; et, art. 83 : Nul ne peut être élu membre « du Conseil des Anciens s'il n'est âgé de quarante ans accomplis. »

Le sénat, élu pour six ans, se renouvellerait par moitié tous les trois ans; l'Assemblée nationale se renouvellerait intégralement à la même époque.

Le collége électoral, élu par les assemblées primaires, procéderait

(1) Le nouveau projet de loi avait admis le vote à la majorité absolue. On l'a repoussé; c'est un malheur. On donne pour motif que ce serait établir une trop lourde charge pour les électeurs que de les appeler trois dimanches de suite au collége électoral. Cela peut être fondé dans l'état actuel des choses; mais, dans notre système, il n'arriverait presque jamais qu'on fût obligé de voter plus de deux fois. Voyez ce qui se passe aujourd'hui; il y a deux votes préparatoires, un vote définitif. N'est-il pas vrai que les partis s'entendent assez pour ne pas revenir, et que presque partout les élections se sont faites à la majorité absolue ?

directement à la nomination des uns et des autres, sans qu'il fût besoin de convoquer les assemblées primaires (1).

Pour ajouter à ces garanties de fixité dans les mesures gouvernementales, il faudrait que le président, soit qu'il dût être élu, soit qu'il dût être nommé par les deux assemblées réunies à cet effet en une seule, le fût pour au moins cinq ans, et de plus qu'il fût rééligible.

Dans notre système, nul ne serait électeur avant l'âge de vingt-cinq ans, ce qui serait conforme à l'ensemble de nos lois civiles ou politiques, dont aucune n'a descendu l'âge de plein exercice des droits de citoyen ou d'électorat au-dessous de vingt-cinq ans. Chose étrange! quand il s'agit de certains actes de la vie individuelle, la loi veut que l'on ne puisse le faire qu'à l'âge de vingt-cinq ans, et quand il s'agit de l'acte le plus important de la vie politique, il suffit d'en avoir vingt-et-un. L'esprit qui a dicté cette disposition de la Constitution est évidemment mauvais. On l'a fondé sur l'entraînement facile des jeunes gens vers la République. Cela pouvait être bon pour arriver à sa proclamation, mais cela peut aussi conduire à son agitation, à son renversement, et maintenant qu'il s'agit de la consolider, il faut demander des hommes faits et non pas des hommes dociles à l'impulsion des partis.

Quant à l'âge d'éligibilité, 30 et 35 ans seraient un terme moyen entre ce qui est, en ce moment, et ce qui fut dans le cours de notre existence politique depuis 1789.

Le suffrage universel tel qu'il s'exerce depuis 1848 est une illusion trompeuse contre laquelle tous les hommes de bonne foi s'élèvent avec énergie; la violence avec laquelle on le soutient dans le parti socialiste est une preuve du danger qu'il présente. Les fraudes y sont faciles et portent partout le dégoût d'une fonction sans dignité, sans sincérité, mettant le pouvoir aux mains des plus intrigants dans un bon nombre de départements. — Pour que les deux assemblées qu'a fournies ce système aient montré autant de réserve et de prudence, il a réellement fallu que la France fût, au moment des élections, sous l'influence d'un sentiment énergique des dangers qui la menaçaient; sans cela, c'en était fait de la liberté; la démagogie prenait le dessus et nous retombions dans un véritable chaos.

Non seulement le prétendu suffrage universel n'est que le suffrage de quelques-uns imposé au plus grand nombre, *ce qui est contraire à la Constitution;* mais encore, au lieu d'être direct, ainsi que le veut la Constitution, il est *manifestement, ouvertement à plusieurs degrés,* par suite d'une organisation fort suspecte de comités, de conclaves, qui préparent partout la déception et tiennent les dés qui font les représentants bien plus que la volonté des électeurs. — Ne semblerait-il pas raisonnable de décider que puisque le suffrage direct est reconnu impossible;

(1) C'est le meilleur moyen d'assurer l'élection au premier tour de scrutin, car il y aurait dans ce corps élu un esprit de suite qui lui permettrait d'apprécier à l'avance les candidats, ce qui ne peut se faire aujourd'hui, puisqu'on ne les connaît, pour ainsi dire, qu'au moment du vote. — Si on les connaît.

puisque l'usage l'a déjà abrogé ; puisque des manœuvres odieuses violent ainsi au grand jour le principe fondamental de la révolution de 1848, il est du plus haut intérêt pour tout le monde de faire entrer dans la loi ce qu'on a fait entrer dans les intrigues électorales.

La liste nationale que nous proposons constituerait un corps électoral puissant par le nombre, puissant par l'indépendance et à l'abri de toute corruption. Elle aurait l'immense avantage d'admettre sans condition de cens, tous les citoyens capables d'exercer leur droit et de les admettre en proportion de l'intérêt qu'ils ont dans l'exercice de ce droit.

Peu de dérangement dans les temps ordinaires ; — connaissance parfaite des hommes à nommer ; — affranchissement d'obligations et de charges pour le plus grand nombre ; devoir rigoureux pour ceux qui peuvent le remplir, tels sont les autres avantages.

On sait avec quelle audace certains candidats exploitent aujourd'hui l'inexpérience et la crédulité des électeurs ; ils n'oseraient plus se livrer à tant d'écarts, s'ils avaient à s'expliquer devant des électeurs de second degré, qui joueraient avec eux le rôle qu'on a bénévolement départi aux comités et aux conclaves. — Il n'y aurait qu'une différence, c'est que les choses se passeraient alors légalement et sous la garantie des dispositions législatives qui punissent les fraudes électorales.

Nous proposons que la liste nationale, contenant les noms de tous les électeurs, soit perpétuelle, c'est-à-dire que les noms n'en seraient retranchés qu'autant que ceux qui les porteraient seraient atteints d'incapacité légale, et que tout citoyen, arrivant à l'âge fixé, y entrerait de droit aussitôt qu'il remplirait les conditions déterminées par la loi.

Rien assurément n'est plus simple qu'une telle combinaison.

Quant à la seconde liste que nous proposons de reconstituer par l'élection tous les dix ans, nous pensons qu'elle offrirait aussi les avantages désirables. Des hommes ainsi choisis par tous leurs concitoyens, formeraient un corps d'élite, ouvert à tout le monde, doué d'aptitude pour faire de bons choix ; portés à l'indépendance, et toujours prêts à supporter des sacrifices de temps et d'argent qui sont souvent au-dessus des facultés des électeurs de premier degré, pris dans les positions diverses de la société.

Peut-être trouvera-t-on le terme un peu long ; peut-être même dira-t-on que ce serait créer une sorte d'aristocratie ; qu'il y aurait un trop long abandon d'un droit précieux. Toutes ces objections seraient fondées s'il s'agissait d'un petit nombre d'élus, mais il s'agit d'une liste de 2,000 électeurs par district, d'environ 10,000 par département ; où serait donc le danger ? et d'ailleurs, s'il y en a, rien de plus facile que de réduire la durée de cette liste ; le chiffre peut, sans inconvénient, être changé.

Nous voudrions aussi, dans l'intérêt de la vérité, que nul électeur du deuxième degré ne pût être nommé, s'il était dans l'impossibilité d'écrire son vote, faute de savoir écrire. Cette disposition, qui empêcherait bien des fraudes, ferait comprendre à tout le monde combien il est intéressant que l'instruction soit plus répandue.

Nous demandons enfin que l'élection par district soit faite *à la majorité absolue,* parce qu'elle seule est le signe d'une volonté manifeste. — La majorité relative, on le sait trop, est souvent le triomphe des minorités sur la majorité ; ce qui est le plus grand des vices en matière électorale. Il est aisé de prévoir que ceux qui ont voulu les élections départementales vont se récrier contre celles par districts, assez semblables à celles par arrondissement. Mais encore ici nous devons nous appuyer sur ce qui se passe sous nos yeux. Que font les comités ? Ils choisissent un candidat par arrondissement, et se disent en comité central : « Passez-nous notre « homme, nous vous passerons le vôtre. » Il s'ensuit deux choses remarquables :

1° Votes provisoires à l'arrondissement, au département, puis, vote définitif ; trois degrés ; 2° ignorance complète pour les électeurs du choix qui leur sont ainsi imposés. — Peut-on rien imaginer de plus pernicieux qu'un tel système, qui conduit chacun à faire le contraire de ce qui lui paraîtrait raisonnable et sensé ?

En résumé, les modifications que nous demandons auraient pour effet certain de consolider la République honnête et grande ; de concilier des partis puissants qui se combattent avec des arrière-pensées plus ou moins fâcheuses, et qui, se voyant contraints de renoncer à leurs projets, se rallieraient nécessairement à l'opinion républicaine, sinon par goût, au moins par prudence et par nécessité.

Protestons, en arrivant au terme de notre tâche, contre toute idée de modification violente. Protestons contre les idées de coups d'Etat, souvent imaginés par ceux qui cherchent des moyens d'agiter les esprits. Ils crient d'autant plus haut qu'ils croient moins au danger qu'ils signalent. Quel homme, en effet, serait assez aveugle pour croire à la possibilité du succès ? — Quel ministère serait assez fou pour s'engager dans cette voie funeste ? Les seuls coups d'Etat possibles aujourd'hui sont ceux qu'on tenterait pour le peuple et par le peuple, mais alors ils perdraient ce nom odieux de coups d'Etat, pour s'élever au rang d'acte de souveraineté nationale. — C'est un acte de cette nature que nous proposons à vos méditations, à votre courage civique, parce qu'il est temps de l'accomplir, et qu'en attendant encore, on se charge d'une immense responsabilité.

Nous entendons d'ici des cris de surprise, d'indignation peut-être, contre une proposition qui attaque ouvertement plusieurs dispositions de la Constitution ; mais nous entendons en bien plus grand nombre les gémissements des populations entières réduites à la plus affreuse des misères : celle de l'abondance de produits sans valeur. Ecoutez ou consultez l'homme de lettres, l'artiste, le cultivateur, le capitaliste, l'armateur, le marchand, le manufacturier, l'entrepreneur, le propriétaire, le simple ouvrier de toutes les professions ; élevez-vous jusqu'à l'homme d'État, et si chacun n'est pas d'accord sur le danger de notre position, déchirez cet écrit, car ce serait l'œuvre d'un fou. — Mais si tous, sans s'être concertés, vous disent au nord comme au midi, à l'orient comme à l'occident : nous sommes exténués, hors d'état de faire honneur à nos engagements, incapables de soutenir nos familles, et cela depuis la commotion de février 1848 ; si tous vous disent : nous ne faisons plus un seul pas qu'il ne nous rapproche d'un épouvantable abîme; la situation, plus tendue aujourd'hui qu'hier, plus menaçante demain qu'aujourd'hui, demande un remède prompt, complet, efficace, il n'est pas un homme de bonne foi, un homme de cœur, qui ne comprenne qu'il y a urgence d'en appeler immédiatement à la souveraineté du peuple raisonnablement entendue.

Ce ne sont pas les dernières élections qui créent cette impérieuse nécessité. — Une telle manifestation de l'opinion socialiste n'est autre chose que la conséquence des principes erronnés jetés dans la Constitution et dans la loi électorale. Aucun palliatif ne peut changer l'état des choses; tout palliatif au contraire ne peut que l'aggraver.—Cela ne veut pas dire que la loi du 31 mai doit être repoussée dans son application, comme le demandent les constitutionnels de nouvelle date. *Si elle est une amélioration*, admettons-la; l'opposition qu'on lui fait est de bon augure. Si, par exemple, ce que nous ne croyons pas le moins du monde, la nouvelle loi amenait des élections modérées dans les départements où elles ne le sont pas, on pourrait dire : Ajournons la révision de la Constitution; mais qui donc pourrait se flatter d'un tel résultat; qui donc voudrait prendre la responsabilité des élections de 1852 ? Tout le monde sent qu'il faut un remède héroïque, administré par les élus du peuple, dans l'intérêt du peuple, avec la sanction du peuple; ces trois conditions violées en février peuvent seules assurer la sécurité du pays.

Ceux qui, sans mission de lui, ont pu bouleverser l'Etat, oseraient-ils soutenir qu'il ne peut, malgré eux, rétablir l'ordre et la paix publique? Ce serait soutenir que la souveraineté nationale n'est qu'un vain mot; ce serait avouer qu'ils l'ont confisquée au profit de leurs passions politiques, et ce qui serait plus honteux encore, au profit de leurs intérêts personnels. — Non, non, quelqu'habitués qu'ils soient à tout oser, ils n'oseraient cependant jamais afficher un tel mépris des droits qu'ils ont proclamés et qu'ils invoquent chaque jour.

POST-SCRIPTUM.

—

Nous n'avons pas précisément envie de faire amende honorable aux autels de la légitimité et bien moins encore à ceux du dieu des intérêts matériels. Nous acceptons les reproches des adorateurs de ces divinités. Nous croyons les avoir mérités. Peut-être nous en punira-t on;

peut-être nous en glorifiera-t-on plus tard! Peu importe. Mais ils nous permettront de dire ici qu'ils se font une étrange illusion, s'ils croient avoir satisfait le pays en votant, au milieu des vociférations de l'esprit de parti, une loi incomplète et imprudente au plus haut degré. Ils nous permettront de leur faire remarquer que *la nation est restée froide* à leurs débats de paroles, très-brillants, sans doute, mais très-improductifs. — Les ennemis de la monarchie, quelle qu'elle soit, et de la République, quelque peu qu'elle lui ressemble, sont plus furieux d'une défaite à coups d'épingles, qu'ils ne l'auraient été d'une déroute à coups de canon.

C'est grande pitié que les congratulations des régulateurs du domicile, s'imaginant avoir sauvé l'État en sanctionnant, sous prétexte de respect pour la Constitution, ce qu'il y a de plus mauvais dans la loi électorale de 1849, le scrutin de liste et les commissions municipales chargées de juger les réclamations, comme si l'article 8 de la loi de 1849 était un article de la Constitution, comme si d'ailleurs le premier devoir des vrais constitutionnels n'était pas de purifier complètement la source de toutes nos institutions!

Nous disions, en avril dernier, à propos de la révision immédiate de la Constitution : « Les deux questions électorales et constitutionnelles se « lient avec une telle intimité qu'on ne peut les toucher séparément, et « qu'il n'en coûtera pas plus d'en traiter deux qu'une seule. »

Avions-nous raison? Qu'auraient fait de plus le parti rouge et le quasi-rouge? qu'auraient dit de plus extravagant leurs orateurs, leurs écrivains, leurs clubistes, leurs missionnaires départementaux et communaux, quand on aurait proposé de réformer toute la Constitution? Leur jactance et leur couardise n'auraient pas été plus loin; ils sont partout et toujours les mêmes. Ils s'épuisent pour peu, aussi bien que pour beaucoup. Ils auraient été pour le tout ce qu'ils ont été pour une petite partie de cette grave question.

Ce qu'on n'a pas fait au printemps, il faudra le faire en automne, et on le fera quand on saura, par la confection des listes, toute l'inefficacité de la loi électorale dans un grand nombre de départements (1).

Tenez pour certain que si la situation électorale s'améliore, cela ne prouvera qu'une chose, à savoir, que le socialisme continue de péricliter par ses propres vertus, comme avant la loi. Mais qui nous dit que quelqu'événement imprévu ne le relèvera pas? — Le plus prudent est donc de lui barrer le chemin tant qu'il sent diminuer ses forces, tant qu'il passe pour mort; plus tard, il ne serait plus temps.

S'il est vrai que l'idée qu'on a de la valeur d'un adversaire double sa force, il ne l'est pas moins que celle qu'on a de sa faiblesse accroît aussi sa faiblesse. Marchons donc; ou bien on s'exposera à d'inutiles regrets; et

(1) Il résulte du dépouillement de listes électorales nouvellement arrêtées, que les radiations atteignent au moins autant de modérés que d'ennemis de l'ordre. C'était un résultat prévu pour tous les hommes qui connaissent l'esprit des provinces. Les électeurs hostiles rayés seront plus actifs que jamais... Nous allons donc encore à l'inconnu!

il faudra, au risque de succomber, faire par la force ce qu'il serait si facile de faire aujourd'hui par un coup de majorité éminemment populaire.

Nos hommes d'Etat oublient trop que ce qu'on veut en France, ce n'est ni la monarchie de droit divin, ni la république de 1793, ni même celle de 1848; ce qu'on veut, c'est 1789; oui, 1789 est le cri de ralliement de toute la nation, sauf la crème. 1789, c'est pour nous l'abolition des privilèges, à condition qu'ils ne seront pas remplacés par d'autres, comme sous l'Empire, comme sous la dernière royauté.

Et qui veut cela? la nation.

Quand nous disons la nation, nous entendons dire les hommes raisonnables de tous les partis. — Qu'ils se montrent, et l'on verra ce qu'est le reste.

Qu'on dise tant qu'on voudra que le parti légitimiste est puissant par sa fortune, cela ne prouve même pas qu'il y ait encore un parti légitimiste; il y en eut un en 1815, en 1829, il n'y en a plus depuis 1830; il pourrait se reconstituer, peut-être, si Henri V avait le dessus; mais il n'est, quant à présent, qu'à l'état de principe. — Divisé, égoïste, anti-populaire, que pourrait-il livré à lui-même? Culbuter Henri V, comme il fit de Louis XVI, de Louis XVIII et de Charles X. Voilà son pouvoir. Singulier auxiliaire! Il sent parfaitement son impuissance; c'est pour cela qu'il donne la main à ses plus implacables ennemis.

Qu'on dise tant qu'on voudra que le parti orléaniste forme la véritable force de la France, ce ne sont là que des phrases vaines, démenties par sa lâcheté au moment où il lui était si facile de triompher de l'émeute la plus impuissante et la plus mal organisée qu'on ait jamais vue.

Qu'on dise tant qu'on voudra que les gens de la veille traînent à leur suite une armée de prolétaires, une tourbe impure, prêtes au pillage, à l'incendie. Cette tourbe ne peut rien par elle-même, et ses chefs ont montré ce qu'ils valent comme hommes politiques, en perdant ignominieusement toutes les positions qu'on leur avait laissé prendre sans combat, conséquemment sans gloire, et ce qu'ils valent comme hommes d'action, en sautant par les fenêtres, après avoir mis la majorité hors la loi.

Le seul parti réel, le seul parti puissant, en France, comme partout, c'est le parti du succès. C'est avec lui que Bonaparte a fait le tour du monde, et qu'il a muselé le parti révolutionnaire dont nos gens de la veille ne sont que d'ignobles caricatures. Osez! vous le verrez surgir de toutes les classes de la nation. Il est là, il vous voit, il attend! — Prenez garde qu'il ne vous condamne!

Voulez-vous l'attirer à vous? Soyez francs, soyez fermes et portez haut le drapeau national.

Quant à nous, nous sommes, nous le répétons encore, même en présence de la nouvelle loi électorale, nous sommes de ceux qui pensent, et ils sont nombreux, que sous un gouvernement qu'on a fait au nom du peuple, sans consulter le peuple, on peut légalement établir, avec le consentement du peuple, toutes les institutions conformes aux intérêts du peuple, et de plus, nous sommes de ceux qui pensent plus que jamais, qu'on le doit faire le plus promptement possible, parce que le peuple est las de souffrir des œuvres qui lui ont été imposées.

Nous comprenons, aussi bien que qui que ce soit, l'objection résultant du *suffrage universel,* de l'élection de l'Assemblée constituante et de la proclamation de la Constitution, mais cette objection tourne, selon nous, contre les républicains; voici comment:

La France, en effet, leur dit précisément ce qu'ils disaient à Louis-Philippe; elle le leur dit seulement dans un esprit fort différent. Les républicains, d'accord en ce point avec les légitimistes, disaient au roi de 1830 : « Vous ne pouvez pas vous prévaloir de la ratification du peu- « ple exprimée par les Chambres, car vous avez éludé, violé le contrat « intervenu entre les Chambres et vous, en faussant les élections par la « corruption. »

Nous disons aux républicains : « Vous avez fait plus de corruptions en « deux ans que la monarchie constitutionnelle en dix-huit ans; vous n'a- « vez pas seulement corrompu deux Chambres, dans l'intérêt de quelques « individus, vous avez tenté de corrompre tout une nation, et cette na- « tion a repoussé vos corruptions; elle vous a imposé deux assemblées « populaires, chargées, l'une de fonder, l'autre *de modérer la Répu-* « *blique* »; conséquemment de museler, de bâillonner, pour employer vo- tre mot favori, de bâillonner les prétendus républicains; et, pour donner l'exemple, elle a expulsé de la seconde assemblée, précisément ces ré- publicains qui voulaient autre chose que la République et que ce que veut la France elle-même.

Si donc, dès 1849, la France a proscrit en vous les idées de désordre et de bouleversement, elle a, par cela même, admis la révision, la *rectifica- tion* et non la *ratification* de l'acte sorti de ces idées au moment de votre usurpation. — Admirez donc et ne repoussez pas ; ne diffamez pas le parti modéré, qui respecte votre Constitution au lieu de la déchirer, comme vous l'en accusez hypocritement. Il secoue votre joug, c'est vrai, et il fait bien; mais il ne le brise pas, parce qu'il sait QU'IL EN FAUT UN SOUS PEINE D'ANARCHIE. — Il laboure le sol; il y sème des principes salutaires, et il en attend les fruits; il fait bien encore. Mais, voici en quoi nous pensons qu'il fait mal : nous pensons qu'il ne laboure pas assez profon- dément pour extirper les ronces parasites, et nous le pressons de reforger le soc de la charrue nationale, que vous avez émoussé en l'enfonçant jus- qu'au tuf, afin de renverser les racines qui gênaient votre marche.

Louis-Philippe, grand laboureur aussi, ne voulait que des épis dorés; vous ne voulez, vous, que de l'ivraie; il fumait trop, et vous, vous ne savez qu'amaigrir cette terre de France, si féconde avant votre funeste exploitation.

Qui tient ce langage? c'est la France entière. — Elle rirait de votre prétendu peuple si elle le connaissait mieux, car il est aussi impuis- sant qu'il est vain.

Le vrai peuple, ne l'oubliez pas, a trois fois manifesté sa volonté; — trois fois convoqué par vous, circonvenu par vous, intimidé par vous, le vrai peuple a dit cependant : JE NE VEUX PAS DE VOUS. — Il dit aujour- d'hui qu'il est honteux de vous; et vous le savez bien !... — C'est parce que vous le savez, que vous rugissez dans vos clubs secrets et dans vos estaminets. — Vous le saviez déjà en 1848, quand vous le proclamiez *ignorant, indigne du suffrage universel* IMAGINÉ PAR VOUS POUR L'ASSERVIR, et que vous demandiez la dictature, pour compléter son asservissement, sous le nom d'éducation politique.

Louis Blanc, Ledru, Marrast, Crémieux, Michel, précepteurs politiques de la France !... Qu'en dites-vous ! honnêtes bourgeois de Paris, qui leur servez d'écoliers ? et vous, hommes d'Etat, qui les avez vus à l'œuvre ? Qu'en dites-vous ? — Est-ce que les leçons que vous ont données *nos ignorants départements* ne vous ont pas ouvert les yeux ? — est-ce que les cris de détresse qui s'élèvent de leur sein oppressé ne parviendront pas jusqu'à vous ? — est-ce que ce n'est pas un devoir d'honnête homme de joindre ses cris à leurs cris ? — est-ce que vous continuerez froidement ce système de temporisation qui désole le pays, qui le ruine, le dégrade ; qui le flétrit aux yeux de l'Europe entière ?... — Est-ce que le temps n'est pas venu de relever la morale publique outragée, le drapeau national amoindri, décoloré, la propriété avi.ie ; l'industrie expirante, le crédit inquiet, la justice sans force, et l'autorité sans prestige ? Comprenez-vous donc qu'un tel état de choses puisse durer deux ans encore ?... — Deux ans d'un tel supplice pour un état comme la France !... Mais, c'est la mort, c'est pis que la mort ; c'est la honte, et le déshonneur.

Melun. — A. C. MICHELIN, imprimeur de la préfecture.

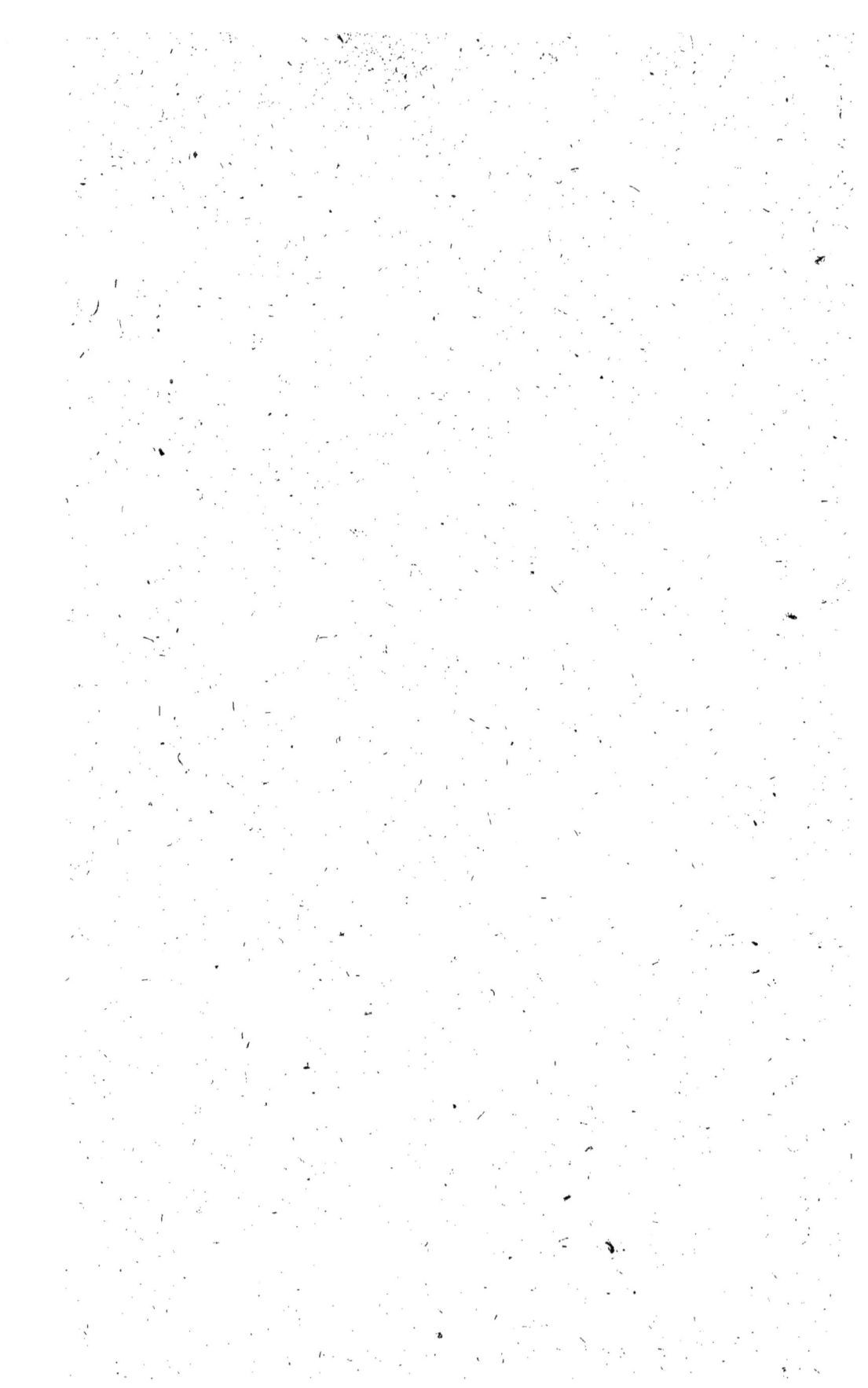

www.ingramcontent.com/pod-product-compliance
Lightning Source LLC
Chambersburg PA
CBHW050439210326
41520CB00019B/5997